見てわかる楽しい 和 洋の 花とテーブル

FLOWER DESIGN
&
TABLE COORDINATION

中村せいこの生活デザイン講座

季節とともに花と食卓を楽しむ

家の中に花を一輪かざるだけでも明るくなります。

食卓でも料理を引き立てる器が美しく配置されたさまは

見るだけでも気持ちが高まります。

しかも、それが季節を感じられるならなおさらです。

「花」は、吸水スポンジや剣山がないといけられないと

いわれる方もいらっしゃいますが、

花びんだけでも自然なフラワーアレンジメントが立派にできます。

それは、花の性質に逆らわず、花の力を生かしてさす方法です。

違和感なく季節が感じられ、生活が潤うフラワーなんです。

「テーブルコーディネート」はというと、日常の生活とかけ離れ、

ブランド食器を重ねたゴージャスなものと思われがちですが、

料理や祝い事などを盛り上げる脇役になって、

食卓をつくりあげることだと思っています。

花や食卓づくりを通じて、人との交流が深まれば、

それは人生において素晴らしい財産になるはずです。

この財産を増やし、心豊かで幸せな気持ちが抱けるように

日常に生かせる「花と食卓」をずっと楽しみ続けていきたいと思っています。

中村せいこ
Nakamura Seiko

生活デザインインストラクター

都内の製菓専門学校や調理師専門学校で「テーブルコーディネート」の講師として、和洋テーブルセッティングに関わる知識やマナーなどを教えている。東京久我山では、女性たちのセンスアップと楽しい時間を共有することを目的にサロン教室「花とテーブル教室エルチアーズ」を主宰し、「テーブルコーディネート講座」や「生活を楽しむ講座」や「フラワーレッスン」を開いている。特にフラワーレッスンでは、ニューヨークの花展で賞賛された剣山や吸水スポンジを使わないいけ方をメインに指導している。
www.lcheers.me

CONTENTS

季節とともに花と食卓を楽しむ ……… 2

素敵なテーブルにするための事前チェックポイント ……… 5

1月 January ……… 6

●漆器と水引が奏でる伝統的な日本のお正月　●ふたりのお正月
●お正月を迎える前のチェックポイント　●お正月のセッティングのきほん
●お正月は花で清々しく

2月 February　●節分の祝い膳 ……… 14

3月 March　●ふたりで創るブランチテーブル／ワインの豆知識 ……… 16

4月 April　●和テイストで楽しむアフタヌーンティー ……… 18

5月 May　●ハッピー・ブレックファスト ……… 20

6月 June　●煎茶でおもてなし／日本茶の豆知識 ……… 22

〔花アレンジメントレッスン〕……… 24

●お花の扱い方のきほん　●いけ方プロセス①②
●花びんいけ作品

7月 July　●大好きな食器のランチパーティ／テーブルクロスの豆知識 ……… 30

8月 August　●チアフル・ランチパーティ ……… 32

9月 September　●「重陽の節句」は菊で不老長寿を願う ……… 34

10月 October　●ソファでアフタヌーン・パーティ ……… 36

11月 November　●ふたりのエレガントなティーテーブル／紅茶の豆知識 ……… 38

12月 December ……… 40

●ふたりのシンプルクリスマス／ナプキンの豆知識
●家族でメリー・クリスマス／キャンドルの豆知識
●これは楽しい‼ 手作りのクリスマスリース

〔花・ディスプレー〕……… 46

あとがき ……… 48

素敵なテーブルにするための
事前チェックポイント

■ 部屋やテーブルやイスなどがキレイであるか

■ 玄関、スリッパ、トイレの掃除も入念に

■ テーブルクロス、フキン、ナプキンなどが清潔であるか

■ しばらく使っていない食器などは洗っておく

■ ワイングラスは割れることがあるので、余分に用意しておく

■ 使う食器が決まるので、献立を決めておく

■ テーブルクロスの下に、アンダークロスを掛けたか
  （アンダークロスは起毛性のある生地がよく、テープや画びょうなどでテーブルに
  固定してからテーブルクロスを掛ける。ずれ防止や防音効果がある）

■ お客様のコート掛けや荷物の置き場所を確保する

■ その他、お客様のおみやげなど

漆器と水引が奏でる伝統的な日本のお正月

お正月は年神様をお迎えして祝う行事。神との「神人共食」の場でもあるので、神聖な白いテーブルクロスと白い花を飾りました。

お正月は、新年の挨拶からはじまり、お屠蘇を飲み、重箱に詰めたおせち料理などやお雑煮をいただいて、新年を祝います。

ここでは、特に花や水引や漆器を多く使い、日本の美を強調してみました。その艶や美しさとともに、伝統的な日本のお正月を過ごせることを願ったセッティングです。

お屠蘇は邪気をはらう薬酒。1年の健康を願って飲みます。

前の晩に屠蘇用の漢方を酒に浸して作ります。年の若い人から飲んでいき、次の人が若い人の生気をいただけるように回していきます。お子様にはみりんを煮切ったものを用意します。

年神様は、稲作の神様でもあり、子孫繁栄も見守る祖先の霊の性格も併せ持つと考えられています。感謝の意をこめて、稲穂を束ねて飾ってみました。

柚子の器にお料理をあしらう柚子釜には、いくらや数の子などを入れて子孫繁栄を願い、その下の漆塗りの皿は、おせち料理の取り皿として使うようにしました。祝い箸は、白く両細のお箸。片方を年神様、もう片方を人が使うことで「神人共食」を意味しているんですよ。家庭では、箸袋にそれぞれの名前を書いて、取り箸の袋には、「海山」と書く風習もあります。

ふたりのお正月

家族のスタイルはさまざまですが、少人数で迎えるお正月も多くなっていますね。大人数でなくとも「お屠蘇」で健康を願い、重箱の代わりに、福を重ねられるよう2段のスタンドに、かまぼこ、伊達巻、田作りなどのおせち料理を盛り付ければ、それも素敵なお正月です。

真紅のテーブルクロスで装いも新たに、整然とした食器の配置でフォーマル感を際立たせました。ゆっくりと祝うふたりの新年が始まります。

初詣のあとのティータイム。テーブルクロスを掛け替えて気軽に、和菓子と煎茶をいただけるようにしました。

テーブルの上には縁起物の仏手柑。さわやかな香りと蝋梅（ろうばい）の花を愛でながら、年末に買っておいた和菓子をいただいてのんびりしましょうか。おめでたい鶴の絵皿がブルーなので、湯呑もテーブルクロスも色を合わせました。少ない配色で落ち着いた雰囲気を出し、アクセントに黄色を入れて華やかさをプラスしています。

確認しよう!!
お正月を迎える前のチェックポイント

■ 大掃除

12/13は「お正月事始め」といわれ、年末の大掃除はこの日から開始します。
江戸城で「すす払い」をこの日に行っていたことからきているんですよ。

■ 松飾り(門松)を飾る

松飾りは年神様の依り代です。これを目印にして神が降りて来られます。
左右一対で玄関先(門扉など)に飾ります。

■ しめ飾りを飾る

しめ縄(稲のわらを編んだもの)で作られるしめ飾りは、
家の中が清められているしるしです。大掃除を終えたら、
玄関の軒下や玄関ドアなどに飾ります。

■ 鏡餅を飾る

鏡餅は年神様の居場所ともいわれています。
大きく立派なものを玄関や床の間に、それより小さいものを仏壇や神棚に、
さらに小さいものを台所や家族の部屋に飾ります。

■ 飾る日に注意　12/28迄又は12/30に飾る

12/29は「苦立て・二重苦」、12/31は「一夜飾り」といわれ
縁起が悪いので飾らない

お正月の セッティングの きほん

お正月のテーブルは、日本の伝統の良さを感じる
フォーマルなイメージで演出します。

一般的に、食卓の中央に皆がいただくもの
や使うもの、おせち料理の重箱、屠蘇器、
調味料、取り皿などをセットし、銘々には、
テーブルマット（折敷）などを敷いた上に祝
い箸や取り皿やグラス、おしぼり等を予め
セッティングしておきます。イラストのコーディ
ネート基本形を参考にして、皆さんのお正
月を演出してくださいね。

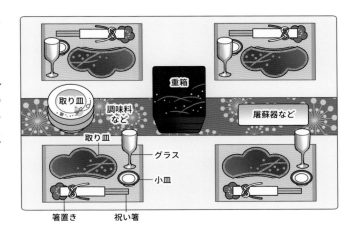

お正月らしさの ポイント

■ テーブルマット・テーブルランナー・折敷を敷く
　（お正月用和紙のランチョンマットも便利）

■ 漆器やめでたい文様の器で日本の美を強調する

■ 「祝い箸」を必ず用意する

■ 家庭に伝わる演出方法を加えた方が良い

重箱や屠蘇器がなくてもお正月の演出はできます。おせち料理は葉ランなどを敷いた大皿などに盛
り、お屠蘇はぐい飲みだけでも代用できます。また、代々伝わるお正月の風習を知る良い機会でもあ
ります。身近な方から習うのも素敵ですし、自分の描きたかったお正月を披露するのも1年に一度のこ
と、工夫を凝らしてチャレンジしてくださいね。

お正月は花で清々しく

お正月は、花が飾られているだけで家の中が神聖になり、お正月らしさが増すような気がします。新年のご挨拶に来られた方も格別の印象を持たれるはずです。

ただ、お正月の花選びは難しいですね。松飾りやしめ飾りをしているなら、お正月らしい花をたくさん揃える必要はありません。松や千両に明るい花を加えるだけでも、水仙の花を束にして香りを楽しむのも素敵です。ぜひ、無理をせず清々しい気分になれる花飾りを楽しんでくださいね。

花びんが大きいので、松でしっかり土台を作ってから他の花をさしました。ペールトーンの明るい配色ではありますが、豪華な雰囲気になりました。松や金塗り柳でお正月らしさをだし、花びんと同じ色の花で統一感もだしています。（松、蝋梅、金塗り柳、カラー、ストック、アスチルベ）

少ない花材でも大丈夫。花瓶の縁も見せ
て松に添わせるように優しくさしました。短く
なった花をこうしてさして、飾ってもいいと思
います。

松と金塗り柳と、ほんの少しだけの千両をさ
しただけのシンプルなお正月の花です。長い
金塗り柳は一巻きして長さのバランスをとりま
した。

テーブルフラワー。花材が少なくても、金、銀
の水引でボリューム感を出しています。

松や千両がメインの組合せ。こちらも水引で
ボリューム感を出しました。

節分の祝い膳

立春の前の日に豆まきをする「節分」。立春は旧暦の年の始まりの日。新しい年を迎えるにあたり、鬼に豆をぶつけることで邪気を払い、1年の無病息災を願う行事です。

豆まきだけでなく、鬼が逃げる魔除けとして、ヒイラギの枝に焼いた鰯の頭を刺して家の門に掲げたり、「立春大吉」と書いた紙を門に貼ったりなど、各地方では様々な風習があります。

日本の行事は、日本の文化に触れることができるものです。できるだけ和のものを取り入れて、楽しい食卓にしたいものですね。

朱塗りの長方形の折敷の上は、「神人 共 食」を意味する両細の箸を用意し、八角形の取り皿の上には、豆を入れた一合枡を「立春大吉」と書かれた和紙で包みました。その豆で各自豆まきをする設定です。右側には、ガラスのぐい飲みをセットし、福をたくさん呼び込もうとお多福の豆皿も添えました。

和食は個食といわれ、一人用のランチョンマット、半月盆、今回のような折敷に配膳をすると、和食らしいコーディネートができます。

デザートはぜんざい!!
長方形のもてなし盆でどうぞ!

テーブルを華やかにするために菊や、ヒイラギや鬼の絵で楽しさを演出。

3月 ふたりで創るブランチテーブル

休日はのんびり昼食を兼ねたブランチをいただくのもいいですね。しかもそれでふたりが幸せを感じることができたら素敵です。

太陽が降り注ぐ地中海をイメージしたブランチテーブルは、陽射しが差し込む時間に二人で食事の仕度。手作りのクロスやナプキンや普段使いの食器には、一口サイズの料理とパンとサラダ。ワインも進み、会話も弾み、あっという間に時間が過ぎてしまう、そんな小さなひとときですが、幸せな1ページになりますように。

ワインの
豆知識

＜ワインとワイングラスの関係?!＞

香りが大事なワイン。ワインは空気に触れることで香りが立ち、味がまろや
かになります。グラスに香りがたまるよう口がつぼまっていて、空気に触れ
る部分が大きな幅広のグラスが適しています。
特に、渋さが特徴の赤ワインは、香りと味を開かせる大きいグラスでいただ
き、冷やして酸味を味わう白ワインや炭酸のシャンパンタイプは、冷えてい
るうちに飲み切れる小ぶりなグラスが美味しくいただけます。

赤ワイングラスは
大きい

白ライングラスは
赤ワイン用より
小さい

シャンパンフルートといい、
シャンパンの気泡がよく見え、
気泡と香りが抜けにくい形

シャンパンクープといい、
少量のシャンパンで
乾杯する時に使う

家庭では同じワイングラスで
赤白OK! シャンパンだってOK!

＜ワインを注ぐ量はどのくらい?＞

赤白ワインともグラスの幅が一番広いところまで注ぎ、シャンパン
フルートには6分目のところまで注ぎます。
ちょうど美味しく飲める量のようですね。

＜ワインの適温は? 赤ワインだって冬以外は冷やす!＞

コクのある赤ワインは16〜18℃
軽めの赤ワインは14〜16℃
酸味を味わう白ワインは8〜14℃
発泡性ワインは4〜8℃

※ワイングラスは種類が多く、収納スペースも必要なので、家庭で揃えるのはたいへんです。
あまり香りに期待しなければ、白ワイン用グラスを揃えるだけでも十分だと思いますよ。

和テイストで楽しむアフタヌーンティー

英国で生まれたアフタヌーンティーのお茶会は、とても優雅で美意識の詰まった風習でした。
食べきれないほどのスイーツと軽食をケーキスタンドなどに用意して、ドレスアップしてお客様をお招きするのが一般的だったようですね。
現代では、日本でもアフタヌーンティーをだすホテルやティールームがあり、紅茶とケーキスタンドのサンドイッチ、スコーン、ケーキなどをいただいて、気軽に楽しめるようになりました。

このテーブルは、テーブルクロスの上に和風柄の帯状のテーブルランナーを敷いて、日本で楽しむアフタヌーンティーを意識して演出しましたが、全体的に白っぽくなってしまったので、アクセントに赤紫色のナプキンを選び、さらに、季節を感じる枝物や花で色を増やしました。
和テイストのアフタヌーンティー、外国のお客様にも喜ばれるかもしれませんね。

アフタヌーンティーらしさのポイント

■ ケーキスタンドも使い、たくさんのスイーツと軽食を用意しましょう。
■ 食器などは、揃いのティーセットで上質感アップ。
■ スコーンはアフタヌーンティーならではのお菓子。
　スコーン用のクローテッドクリームとジャムも忘れないように！
　（生クリームで代用してもいいですよ）
■ より優雅でゆったりと過ごすならシャンパンも用意しましょう！

＜ケーキスタンドにはルールがあった!!＞

ケーキスタンドは狭いスペースでも、たくさんのスイーツを出せる便利なアイテム。実はルールがあり、3段スタンドであれば、

　1.上段はケーキなど
　2.中段はスコーン
　3.下段は一口サイズのサンドイッチ

食べる順番もあり、下の段から順にいただきます。
あくまでも基本として心にとめて、自由にオリジナリティを発揮したアフタヌーンティーを楽しんでくださいね。

5月 ハッピー・ブレックファスト

東南アジアのリゾート地でのブレックファストをイメージした朝食のテーブルです。
更紗の布で手作りしたテーブルクロスには、紺色のバイヤステープで縁取りを施しました。
テーブルクロスの柄が目立つので、落ち着くように、食器やティーポットやドイリーなどを白
色にし、目覚めのカラーといわれる黄色やオレンジ色のお花をさして、スッキリした朝になる
ようにしてみました。
夏が来るのが待ち遠しい気分になるようなハッピーな朝が迎えられると嬉しいです。

ブレックファスト らしい アイデア

■ ホテルのように、個包装のジャムやオリーブオイルを並べました。
ちょっと嬉しい?!

■ コンポート(脚付き皿)のフルーツをテーブルの中央に置きました。
お皿ばかりだと高さが出ないので、コンポートなど高さのあるものを
置くとバランスが良くなります。

■ ナプキンは折らずに、ナプキンリングに通すだけなので楽ですよ。

欧米のテーブルはトーキンググッズと言われるフィギュアを飾ることが多いと聞きます。

木彫りの鳥とレモン搾り器の鳥が、幸せを運ぶ鳥となって、爽やかな朝の話題になれば会話も弾みますね!

6月 煎茶でおもてなし

目上のお客様や初めて来られるお客様をお招きすることを想定した、お茶のおもてなしテーブルです。やはり清潔感が第一です。失礼の無いよう、フォーマル感のある白いテーブルクロスと紫色のテーブルランナーをかけて、それぞれにもてなし盆でお出しするようにしました。仰々しくならないよう、お花は和花のようにさりげなく、その横には招き猫を置いて、ほっこりできるようにしました。

日本茶の
豆知識

＜日本茶の楽しみ方はいろいろ!!＞

日本茶は、いただきながら会話を楽しむのはもちろん、それ以外には、産地の違うお茶を飲み比べたり、お湯の温度や蒸らし時間を変えて飲んだり、1煎目、2煎目を味わったり、何のお茶かを当てる闘茶のような楽しみ方もあります。お茶菓子を用意して日本茶ならではの時間を楽しんでくださいね。

＜煎茶ってなぁに？＞

日本茶は、独特な旨味の「玉露」、茶道でおなじみの「抹茶」、最もよく飲まれる「煎茶」、遅摘みで安価な「番茶」、炒った玄米をまぜた「玄米茶」、緑茶を炒った「ほうじ茶」など、種類がたくさんあります。

一般にお客様には「煎茶」を淹れることが多いと思います。「煎茶」は、品種や産地や製造法の違いで色々ありますが、いずれにしても、春に取れた早摘みの茶葉で作られ、香りと旨味・渋味・苦味の調和がとれたお茶でたいへん美味しいものなんです。

お客様にお出しする時は、茶托を必ず用意してお出ししましょうね。

花・アレンジメントレッスン

自然なフラワーアレンジメントが好きです。セレモニーなどの花は吸水スポンジでいけた方が効率的にデザインしやすいですが、家庭などでは花びんで活ける方が簡単で、花が部屋と一体になって自然な仕上がりになります。

西洋のフラワーデザインでは花を形状別に4つに分けています。直線的なラインフラワー、丸い花をマスフラワー、小さな花をたくさんつけたフィラーフラワー、個性的なフォームフラワーといった4種類を組み合わせてデザインします。

この方法は花選びにたくさんのヒントを与えてくれます。私は、この方法で花を選んだら、花の持つ重さなどの性質を活かしながら、一ヶ所から成長しているようにいけます。仕上がりは実にナチュラルになります。ぜひ、いけ方のページをご覧になって、自然なフラワーアレンジメントをお試しください。

お花は無機質な家の中を明るくし、生命を感じるとても自然なものです。そして、その花はお客様に歓迎の意を示す素晴らしいものと思っています。ぜひ、お花を生活に取り入れて心豊かな生活を実感してください。

マスターしよう!!
お花の扱い方のきほん

■ いける前に必ず水揚げする

切り花は茎の切り口から水を吸い上げるので、できるだけ水の中で、
茎をななめに切って水を吸わせます。

■ 手のぬくもりが伝わると花材が弱るので、
軽く持つようにする

■ いけた花は直射日光や
風の当たらない所に飾る

■ 花器の水が少なくなったら水を足す

■ 花器の水が濁ってきたら、
菌が繁殖しているので水を替える

水替えの際は、茎を少し切ると花が長持ちします。

■ 食卓に花を飾るときは、香りの強い花、
花粉の多い花、散りやすい花は避ける

食卓は料理が主役なので一輪差しでも十分ですが、
花を多くいければ華やかになります。

花・アレンジメントレッスン

やわらかなレースフラワーで丸い形を描くいけ方

❶枝を花びんの中で、次々にクロスさせます。この時、枝の切り口は花びんの内側につけます。

左から、レモンリーフ、バイカウツギ、ストック、レースフラワー、カラー、トルコキキョウ、モカラ

❷クロス部分をしっかりさせるために、さらに前後左右からクロス部分の上に交互にさしていきます。

❹仕上げは、中心部分の花を密にして、外側はレースフラワーやカラーのラインフラワーでやわらかな輪郭が描けるようにさします。

❸クロスがしっかりしたら、茎は花びんの内側につける必要はなく、次々に花を前後左右からクロスを通るようにさしていきます。

❺完成です。配色で言えば、類似色でまとめたアレンジですので、落ち着いた感じになります。リビングルームにいかがでしょうか。

テーブルにも飾れるホリゾンタルスタイルのいけ方

❶ カラーやルピナスで横長の輪郭を作ります。
この時、それぞれの花は花びんの中心でクロスさせてさしていきます。
しっかり固定させるために、茎の切り口は花びんの内側につけるようにします。

左から、リューカデンドロ、アリウム、フリージャ、
バラ、ルピナス、カラー

❷ クロス部分をさらにしっかりさせるために、前後左右から、クロス部分の上に寄りかかるように角度をつけて、交互にさしていきます。クロスがしっかりするまで、茎の切り口は花びんの内側につけてくださいね。

❹ 最後は目立つ花を中心部分にさしていますが、前ばかりが重たくならないよう、前後左右交互に、バランスよくさします。

❸ 次も、クロス部分に添わせるように、優しく花を起こしながらさします。クロスの部分がしっかりし、いけたい位置に軽く花をさしていきます。

❺ 完成です。配色で言えば、類似色なので、まとまり感のあるアレンジになります。横に長いホリゾンタル型はリラックス効果がありますし、テーブルの中央におけば、華やかなテーブルフラワーにもなります。

花・花びんいけ

Fresh flower arrangements
without any holders

オレンジ色は、明るく、元気にさせてくれます。ビタミンカラーとも言われ目覚めを促進してくれるので、朝の食卓にぴったりです。

骨董品の籠。籠の中に水を入れた器をいれて花をさしました。
籠は、少ない花でも、適当に入れても意外と様になってしまう優れものです。茎を隠せるし、ひとつあると重宝しますよ。

短くなった花を、赤い実のついたノバラ
の枝を土台にしてさしたもの。菊を入
れて和の雰囲気をだしました。

丸いアリウムやカラーなどで輪郭をとり、
アレンジを大きく見せています。ハッキリ
した色使いとアリウムでコケティッシュ
な雰囲気がでたのでは。

浅い大きなガラスのお皿。こんな器に
も茎を交差させていけていますが、今
回は緑色のカラスウリを最初に置いて
から活け始めたので簡単でした。

備前焼の花器にアジサイなどをさして、
あとから枝物などの長いものをさしまし
た。長い枝が仕上がりを大きくみせてく
れます。
花は器によって表情が変わります。備
前焼の花器にいけたので、和風に仕
上がっていますね。

大好きな食器でランチパーティ

　私の大好きな食器は、フィンランドのアラビア社の「パラティッシ」というシリーズです。まだ、食器のブランドも知らない頃に買いましたが、今なお、大好きな食器なのです。一番気に入っているのは、なんといっても絵柄ですが、ストーンウエアなので電子レンジもオーブンも使えて、たいへん便利です。しかも「オープンストック」なのでメーカーに在庫があり、割れてしまってもすぐ補充できる点も、大好きな理由になっています。食器をセットで揃えたい時は、お店の人に「オープンストック」かどうかを確認してみるといいですよ。

北欧の食器は、厚めのやきものが多く、たぶん気候や風土も関係していると思います。食器が厚めでカジュアルなので、テーブルクロスは繊細なものよりも、大柄のものや目の粗い生地などが似合います。今回は厚めの綿素材で大柄模様の生地をテーブルクロスにし、2枚を無造作にテーブルに掛けました。テーブルの中央にはパンやチーズをのせたカッティングボードやひと口サイズの料理やサラダボウルなどを置いて、みんなで取り分けられるスタイルをとりました。

食後は誰もが楽しみにしているデザート。
ホールケーキにしましたが、切るのが面倒かな?

テーブルクロス
の豆知識

＜垂れ下がりの長さは適当ではいけないの?＞

フォーマルな席では垂れる部分は45㎝位の長さにします。座ると膝がすっぽり隠れる長さです。カジュアルなテーブルではそれほどの長さは必要なく20〜25㎝あれば十分ですよ。

夏は賑やかで、心ウキウキするテーブルで元気になりたいと思い、原色使いで赤をメインにしたテーブルにしました。さらに、自由にリラックスできるよう、食器の位置もあまり気にしていません。

カジュアルではありますが、やはりおもてなしの気持ちは忘れないように、メインのお皿には黒いマットを敷き、スープボウルには下皿、グラスにはコースター、お花やフルーツにはナプキンを敷いて、直に置かないようにしました。お客様にコーヒーやお茶をお出しするときに、ソーサー付きのカップや、茶托にのせてお出しするようにおもてなし感をだしてみましたが、どうでしょうか。

カジュアル
らしくなる
アイデア

ここで使っている食器は、すべて陶器です。グラスは分厚い普段使いのソーダガラス。重さもあるのでそのまま野外パーティにも使えます。

メインの花は料理の邪魔にならないように控えめにテーブルの端に置いてます。

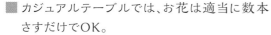

■ カジュアルテーブルでは、お花は適当に数本さすだけでOK。

■ カジュアルさはシンメトリーにしないで動きをだす方がいい。

■ カード立てのように食器以外のものがあると目を引きます。
何が書いてあるか必ずみてくれますよ。メッセージやメニューやドリンクリストなどいかが?

「重陽の節句」は菊で不老長寿を願う

9月9日の「重陽の節句」は「菊の節句」ともいいます。9月9日は一番大きい陽の数9が重なるので「重陽」と呼び、菊が美しく咲く時期なので「菊の節句」とも呼ばれています。菊は薬効をもつ植物とされ、菊の香りを移した「菊酒」を飲んで邪気を払い無病息災と不老長寿を願います。

昔、菊は仙人が住む山に咲くので「仙境に咲く霊薬」といわれ、仙人のように長生きする力があるとされていたようです。

今回の重陽の節句のテーブルは、子どもの頃に、神社で見た菊人形の迫力を思い出し、その生命力をイメージして大ぶりの菊を飾って不老長寿を願いたいと思います。

菊酒は、食用菊を洗い、花びらを日本酒
に浮かべます。一晩漬けたら香りがより楽
しめそうですね。菊酒と栗ご飯を炊けば
重陽の節句らしくなりますよ。

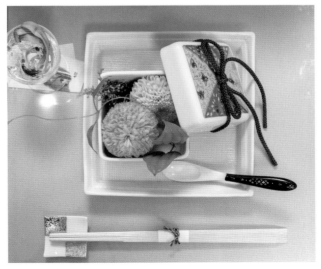

テーブルに花を飾るときは…

向かいの方の顔が見えるようにいけま
す。首の高さまでか、高い位置から下
げるような花飾りにしましょう。
その際、香りのきつい花、散りやすい
花、花粉がつきやすい花などはは飾ら
ないようにします。メインになるアレンジ
は中央のラインに置き、食事の邪魔に
ならないように飾ります。できれば、花
器を直に置かず台やドイリーのような
ものの上に置きましょうね。

蓋物は何が入っているがとても楽しみです。
アミューズブーシュ（美味しいひと口のお料理）、前菜の
盛り合わせ、栗ご飯、手土産のお菓子…いろいろなアイ
デアで詰められるといいですね。

ソファでアフタヌーン・パーティ

休日の午後、仲の良い友達を呼び、クラフトビールなど好きな飲み物で、ソファでのんびりした
ひとときを過ごすパーティー・テーブルです。2つのテーブルの一方はドリンクテーブルに
して、もう一つのテーブルで飲んだり食べたりできるようにしてあります。手前のテーブルフ
ラワーは歓迎の気持ちを込めたもの。おつまみなどは持ち寄りでも、ナッツでもなんでもよく
て、友達といられることが楽しく実感できれば、それで十分なので、取り皿2種類だけセットし
ています！　リラックスできるよう、クッションやひざ掛けを用意しておけば自由に使ってくれる
でしょう。そのまま昼寝しちゃうかもしれませんけどね…?

ドリンクテーブルは、氷をワインクーラーに入れてビールやジュースを冷やしています。氷に塩をかければより冷たくなりますよね。アイスペールには氷とアイストング、レモンやオレンジのスライスも用意してあります。ご自由にどうぞ!!

ちょっとした気遣いはありがたいものです。
膝にはナプキン、手や口元にはペーパーナプキンやウエットティッシュ、テーブル用には台フキンなど、冷たい飲み物にはコースターなどは必須アイテム。
用意しておくと安心です。

テーブルフラワーはラウンド型になっていますが、花を入れた三つの器を中央に寄せたもの。手間暇かけずに飾ることのできる方法ですよ。

ふたりのエレガントなティーテーブル

アンティークショップで買ったティーカップとレース編みのドイリーで、ティーテーブルのセッティングをしました。トレーの上にドイリーを敷くだけで、その上のものの格が上がるような感じになり、耐熱ガラスのティーポットもレースのドイリーが引き立たせてくれています。あえて、ティーカップと同じ色の花を飾りましたが、もう少し色味を増やせば、きっと賑やかになりますね。

今回はレースのドイリーや花でエレガントな印象づくりを意識しましたが、このように、ちょっとした演出で、雰囲気はいくらでも変えられるんですよ。

紅茶の豆知識

＜ティーポットとティーカップの選び方＞

紅茶は、香りと水色（紅茶の色）も楽しむ飲み物です。
ティーポットは茶葉が対流（ジャンピング）できるスペースのある球型のポットであれば美味しく淹れられます。素材は保温性やお手入れの簡単な陶磁器製が一番。耐熱ガラス製は保温性にはかけますが、水色や茶葉のジャンピングがわかりやすい利点があります。布製のティーコージーをかぶせて保温性を保つのもひとつです。
ティーカップは香りを広げ、水色が良く見える口広で浅めの形で、内側が白いものを選びましょう。

＜紅茶の美味しくなる淹れ方＞

香りと渋味とコクが特徴の紅茶は、産地や摘み取り時期や部位や製造法などで風味が変わるので、紅茶を淹れるときは、茶葉の量や湯量や蒸らし時間はパッケージの記載通りにします。
①ティーポットもカップも分量外のお湯で温めておく
②分量の茶葉をティーポットに入れる。
③汲みたての水道水（茶葉が対流しやすい）を沸騰させたら、すぐにティーポットに注ぎ蓋をする。温度が低いと成分が抽出されません。
④蒸らし時間を守り、茶こしを使ってカップに注ぐ。

※ティーバッグの場合は、沸騰したお湯をカップに注いでから、ティーバッグを入れ、ソーサーなどで蓋をして蒸らします。そして、ティーバッグを数回振って取り出します。

12月　ふたりのシンプルクリスマス

子どもの頃から、クリスマスは待ち遠しくて、わくわくするものでしたが、子供たちが大人に
なって、ふたりきりで過ごすなら、無理せず簡単にしてもいいですよね。キャンドルを灯して
食事をするだけのクリスマステーブルはごくシンプルですが、テーブルクロスの織りやシカ
模様で助けられ、少し賑やかさがでている気がします。
全体的に金と銀（グレー）の組合せで静寂な雰囲気と大人っぽさをだしました。その中に
チャーミングな部分が垣間見れるよう、メッセージを書いた手作りカードを置いて、それで
も足りないクリスマス感は小さなツリーをテーブルの端に忍ばせて雰囲気づくりをします。

このカトラリー（ナイフとフォーク）は
フランス製で、品質表示がフォーク
の表に彫られているので、見せない
ように伏せてセットしています。フラン
ス製のものはこのようにセットするこ
とが多くあります。

ナプキンの豆知識

＜ナプキンのマナー＞

ナプキンを「ローズ」に折って飾りました。
洋食の席では、ナプキンは二つ折りにして、
膝の上に置きます。服が汚れないように、そ
して手指や口元を拭くのに役立てます。
また、レストランでは、中座するときはナプキ
ンを椅子に、帰るときは無造作にテーブル
の上に置きます。レストランの人はそれで、
お客様がどういう状態であるかを判断でき
る、ひとつのコミュニケーションツールにも
なっているんですね。

大きなガラスのお皿に、金塗りの
松ぼっくりや置き物をセットし、両
脇にキャンドルスタンドを対で飾
り、テーブルの中央に置きました。
クリスマスの飾りとしては、お皿に
載せるだけなので手間なしです。

41

家族でメリー・クリスマス!!

クリスマスは何を食べますか? おなじみのメニューがたくさんある家庭も多いでしょうね。私は、チキンとホールケーキだけは欠かせないようにしていますけど、片付けが簡単に済むようなテーブルにしたいと、普段の食器を使い、クリスマスらしい紙皿や紙ナプキンでごまかしています。雰囲気づくりに、LEDのラウンド型のキャンドルに小さなリースを飾って中央に置きました。空いたスペースは小物で埋めて、ちょっとしたプレゼントもテーブルに載せてにぎやかに見せています。洗い物の少ない、楽しいクリスマスの準備ができました!!

クリスマスカラーといえば、やはり赤と緑が思い浮かび、赤のテーブルクロスをベースに、
テーブルの上は緑色をメインにし、アクセントに金色をいれました。
赤と緑は反対色の組合せ。お互いの色を引き立て合う"補色"の関係です。ハッキリした
色の組み合わせでクリスマスの高揚感が増すといいんですが。いかがでしょう？

キャンドルの豆知識

＜フォーマルな席なら昼もキャンドル?!＞

キャンドルの光は料理を美味しく、人を美しく見せてくれます。西
洋の食卓では、フォーマルな席や特別な日はキャンドルを灯すよう
です。
キャンドルは歓迎の意も表すので、昼でもフォーマルな席であれ
ばキャンドルを灯します。
白く長く細いキャンドルはフォーマル感を演出し、太いものはカジュ
アルな装いになります。
2人の席では1本、4〜6人で2本、2人増えるごとに1本増を目安
にして演出してみてはいかがでしょうか。

これは楽しい!!
手作りのクリスマスリース

フレッシュリース作りは、香りも楽しめますし、半日で出来上がりますよ!!

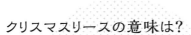

ヒムロ杉、ヒバ、モミ、ノバラ、グロブロス、ドライオレンジ、マツカサ、シナモン、青りんごなど

クリスマスリースの意味は？

クリスマスリースの輪の形は、終わりのない永遠を意味していることはよく知られていますね。玄関に飾るのは魔除けの意味もあるようです。生のリースは枯れないように、霧吹きで水やりを毎日してくださいね。

余った花材でスワッグもできました。壁飾りのスワッグは、リースやツリー同様、クリスマスの伝統的な飾りだそうですよ。

＜プリザーブドフラワーのリースとトピアリー＞

花材は、予めワイヤーリングをしてから作るので一日では完成できないかもしれません。でも、枯れないから水やりの必要はないですよ。

＜ナチュラルなフレッシュリース＞

ヒムロ杉やヒバをワイヤーでリース台に巻き付けてから、飾りを付けて仕上げます。今回は写真家のシカマキさんとおしゃべりしながら作りました。3時間ほどかかりますが、楽しいのでお試しくださいね。
（左のリースはシカマキさんの作品）

花・ショールーム
ディスプレー

The Display of
Art Flower arrangements

システムキッチンのショールームでの花のディスプレーです。
すべて、アートフラワーでシーズン毎に装飾しました。
アートフラワーの茎は針金でできているので、自由自在にデザインができます。針金の茎を隠したければ透明な花器は使わず、安定しない時は中にドライ用のスポンジを入れて、アレンジしています。

梅雨のアジサイアレンジ

バラのトピアリー

ワインクーラーの花装飾

満開のユリだけのアレンジ

初夏のイングリッシュガーデン風
バラのアレンジ

ヒマワリとレモンの夏アレンジ

あ と が き

若いころは、お花が綺麗に飾られていても、全く興味もなく、

自分には関係ないものと思っていました。

仕事でストレスばかりだったころ、

新聞にお花の教室を開設した女性の記事があり、

そこに転職したいと、即お電話したのを思い出します。

無謀な私に「花をいけられないなら、習うのが先ね」と

あっさり言われたのが31歳でした。

私のアレンジは惨たんたるもので、

家で何度もいけ直して練習しましたが、

無我夢中になって集中することはストレスさえも忘れられるんだと、

このとき初めて知りました。

そして、テーブルコーディネートの教室では上手な方がいて、

追いつこうと必死に勉強したのが40歳過ぎてからのことです。

そんな自分を思い起こすと、

本の出版は思いもよらぬことで夢のようです。

本書の中には、何年も前の作品や、友人や両親や姉から

譲り受けたものなどがたくさんあります。

これまで、決して順風満帆ではありませんでしたが、

あらゆる人から支え助けられたからこそ、

今の自分があるんだと実感しています。

今回もいろいろな出会いがありました。

カメラマンのシカマキさんとリッチさん、

知恵を出し合いながらの撮影は楽しいひとときでした。

そして、草土出版の白澤社長、大橋さん、編集の山口社長、

お忙しい中、優しく丁寧に対応してくださいました。

末筆ながら、楽しく制作できたことを皆様に厚くお礼申し上げます。

本当にありがとうございました。

中村せいこ

見てわかる楽しい 和洋の花とテーブル

FLOWER DESIGN &
TABLE COORDINATION

著者　中村せいこ

2022年 1月20日　初版第1刷発行
定　価　968円（本体880円＋税10%）
発行人　白澤　照司
発行所　株式会社 草土出版
　　　　東京都豊島区高田3-5-5
　　　　ロイヤルパーク高田206
　　　　TEL 03-6914-2995
　　　　FAX 03-6914-2994
発売元　株式会社 星雲社
　　　　（共同出版社・流通責任出版社）
　　　　東京都文京区水道1-3-30
　　　　TEL 03-3868-3275
　　　　FAX 03-3868-6588
デザイン　中村せいこ
制　作　有限会社 J-ART
カメラマン　Maki Sato（シカマキ写真館）
　　　　　藤田 "RICH" 雅也
イラスト　古林けやき
印　刷　株式会社 博文社